Inhalt

Betriebssystems-Software - Linux wird kommerziell

Kernthesen

Beitrag

Fallbeispiele

Zahlen und Fakten

Weiterführende Literatur

Impressum

GENIOS BranchenWissen Nr. 11/2006 vom 14.11.2006

Betriebssystems-Software - Linux wird kommerziell

Autor GENIOS BranchenWissen: M.Westphal

Kernthesen

- Linux wird auf Server-Seite von Unternehmen immer häufiger eingesetzt.
- Nach jahrelangen Fehden vereinbaren Microsoft und Novell eine Kooperation für Suse Linux.
- Oracle bietet Software-Wartung für Red Hat-Linux an.
- Der Markt für Betriebssystems-Software steht vor großen Veränderungen Open Source-Software wird kommerziell.

Beitrag

Die Softwarekonzerne Novell und Microsoft planen eine Technik- und Marketingallianz, in der Microsoft Novell vorab etwa 350 Millionen US-Dollar zahlen wird. Diese Kooperation bezieht sich auf das Betriebssystem Linux und beendet eine jahrelange erbitterte Rivalität.

Linux entwickelt sich als freies Open Source-Softwarepaket immer mehr zu einem wichtigen Bestandteil der Serverstrategie von Unternehmen

Linux wurde von dem früheren finnischen Studenten Linus Torvalds entwickelt und ist als freies Open Source-Softwarepaket ohne patentrechtlich geschützten Quellcode ein nicht mehr wegzudenkender Teil der Unternehmens-EDV geworden. (6)
Linux ist im Gegensatz zu Windows oder Apple OS X ein frei verfügbares Produkt, dessen Quelltext nicht geschützt ist Es wird von einer breiten Gemeinde von Softwareentwicklern für individuelle Anwender technisch unterstützt. (5)
Linux setzt sich zunehmend beim Einsatz in leistungsfähigen Zentralrechnern in Unternehmen

durch. So werden inzwischen nahezu ein Viertel aller ausgelieferten Server mit Linux ausgestattet. Arbeitsplatzrechner mit Linux sind aber immer noch Exoten. Das US-Marktforschungsunternehmen Gartner schätzt den Anteil der Linux-Desktop-PC in diesem Jahr auf gerade einmal fünf Prozent. (7)
In den Rechen- und Datenzentren der Unternehmen dominieren aber trotz des hohen Linux-Anteils gemischte Umgebungen. Gemäß einer nicht-repräsentativen Umfrage von Gartner haben rund zwei Drittel der Unternehmen sowohl Linux als auch Windows im Einsatz. (7)
Gartner sagt in den kommenden Jahren höhere Marktanteile für Linux-Server voraus. Inzwischen wächst bei den Unternehmen auch die Bereitschaft, das quelloffene Betriebssystem Linux in geschäftskritischen Anwendungsgebieten wie der Datenspeicherung einzusetzen. (7)

Microsoft und Novell schließen eine Kooperation zur Stärkung von Linux

Anfang November haben die Softwarekonzerne Microsoft und Novell eine Technik- und Marketingallianz für das Betriebssystem Linux

bekannt gegeben.
Im Rahmen der Kooperation werden Linux- und Windows-Software so aufeinander abgestimmt, dass beide auf jedem Computer auch zusammen laufen können. (1)
Auch bisher schon konnte man Windows- und Linux-Systeme technisch parallel auf einem Computer installieren. Im Falle von Schwierigkeiten aber verweigerten Microsoft, wie auch Novell, jede technische Unterstützung. (8)
Microsoft setzt mit seiner Server-Software knapp zehn Milliarden US-Dollar um. (6)
Das Unternehmen hat in den vergangenen zwei Jahren gemerkt, dass das Linux-Wachstum viel mehr zu Lasten des Betriebssystems Unix geht als zu Lasten von Windows. Dies hat bei Microsoft zu einer deutlich pragmatischeren Einstellung gegenüber Linux geführt. Microsoft geht nun davon aus, dass bei der Schaffung von Kompatibilitäten zwischen Linux und Windows auch einige Unix-User in die Windows-Welt migrieren dürften. Zwar werden die meisten dann auf Linux umsteigen, aber da Linux in Zukunft eine noch wichtigere Rolle auf Unternehmens-Servern spielen wird, will Microsoft sich als Freund von Linux positionieren. (3), (6)
Die Kooperation von Novell und Microsoft könnte das Vertrauen in die Leistungsfähigkeit von Linux erhöhen, womit dann freie Software wie Linux endgültig im kommerziellen Markt angekommen

wäre. (7)
Die sogenannten Open-Source-Programme wie Linux gelten als preiswert, da keine Lizenzgebühren anfallen. Unternehmen wie Red Hat oder Novell verdienen ihr Geld vor allem mit Dienstleistungen. (7)

Insgesamt wird Microsoft im Rahmen des Deals in den kommenden fünf Jahren 440 Millionen US-Dollar an Novell zahlen. Im Gegenzug zahlt Novell auch 40 Millionen US-Dollar an Microsoft.
240 Millionen US-Dollar erhält Novell für 70 000 Zertifikate, die Microsoft-Firmenkunden gegen Jahressupport-Zertifikate für Suse-Linux eintauschen können. Diese Support-Lizenzen werden von Microsoft aber nur an Kunden verkauft, die sowohl Microsoft- als auch Linux-Produkte nutzen.
60 weitere Millionen US-Dollar investiert Microsoft in das Marketing von Suse Linux und 34 Millionen US-Dollar muss Microsoft für die Vertriebsmannschaft aufbringen.
Außerdem werden beide Unternehmen auf Patentklagen gegenüber den Kunden des Kooperationspartners verzichten.
Mittels einer Zahlung in Höhe von 40 Millionen US-Dollar von Novell an Microsoft sollen die gegenseitigen Patentansprüche abgegolten werden. (4), (6), (11)
Microsoft wird im Falle, dass sich seine Kunden gegen Windows-Produkte entscheiden, Novells Suse

Linux empfehlen.
Im Gegenzug will Novell Microsoft mindestens bis 2012 mit einem festen Prozentsatz als Kommission an seinen Open Source-Einnahmen beteiligen. (10), (11) Novell unterstützt Open-Source-Entwickler, die nun durch die Kooperation mit Microsoft vor Patentklagen seitens Microsoft geschützt werden. (3)

Auch in Zukunft werden Microsoft und Novell Wettbewerber bleiben, aber nur in Bereichen, in denen für beide Platz ist. So wird Novell die Produkte, die in direkter Konkurrenz zu Microsoft-Produkten stehen, nicht mehr mit Nachdruck weiter entwickeln. (3)

Die Zusammenarbeit von Windows und Linux in der Serverwelt soll vor allem in gemischten Umgebungen verbessert werden. Die Virtuellen Maschinen Monitore sollen auf einen gemeinsamen Nenner gebracht werden. Derzeit setzt Novells Linux auf das Open Source-Projekt Xen, während Microsoft zur Einführung des nächsten Windows Server (Longhorn) die Einführung des Konkurrenz-Produkts Viridian plant. (2)
Im Rahmen des Novell-Microsoft-Abkommens wird ein noch einzurichtendes gemeinsames Entwicklungszentrum entstehen.
Außerdem besteht die technische Zusammenarbeit aus drei Schwerpunkten:- **Virtualisierung:** Suse

Linux und Windows sollen als virtuelle Systeme auf einem Server zusammen laufen können.- **Web Services:** Die Serversysteme sollen für SOA (Service-oriented architectures) und Web Services eingerichtet werden. So soll nicht nur Interoperabilität, sondern auch die gemeinsame Verwaltung von Web-Services und die Zusammenarbeit der beiden Verzeichnisdienste Active Directory und Novell eDirectory bei SOA-Anforderungen ermöglicht werden.- Die **Dokument-Formate** sollen besser übereinstimmen. Konverter zwischen Microsofts Open Office XML und den OpenDocument Format (ODF) sollen entwickelt werden. So können dann unterschiedliche Office-Anwendungen problemlos Dokumente untereinander austauschen und in Datenbanken hinterlegen. (10)

Oracle unterstützt Kunden, die auf die Linux-Software von Red Hat setzen

Der führende Datenbankanbieter Oracle bietet volle technische Unterstützung für die Red Hat-Version des Betriebssystems Linux an. Dieser Support bezieht sich nicht nur auf die Beseitigung von Software-Fehlern, sondern übernimmt auch alle Risiken im

Zusammenhang mit möglichen Urheberrechtsansprüchen.
Die von Oracle verlangten Pauschalpreise für diesen Support liegen fast um die Hälfte niedriger als die von Red Hat. Zwar will Oracle nach eigenem Bekunden Red Hat nicht den Garaus machen, aber der Red Hat-Kurs brach nach der Ankündigung um sechzehn Prozent ein. (5)
Oracle will mit dieser Maßnahme Linux schneller im Markt für Unternehmenssoftware durchsetzen. (5)
Nachdem Oracle bereits stark in Linux investiert hat, behindern neben Problemen bei der technischen Unterstützung vor allem die Furcht vor Urheberrechtsklagen die breitere Durchsetzung von Linux im Markt. (5)
Linux basiert auf Unix und damit auf einem Betriebssystem an dem vor allem Novell und SCO Urheberrechte reklamieren. (5)
Softwarefehler in Red Hat-Linux werden von Red Hat nicht umgehend mithilfe von "Patches" korrigiert, sondern erst in der nächsten Version des Gesamtpakets. Damit ist der Support für viele industrielle Anwender häufig zu langsam. (5)
Da Red Hat nicht freiwillig mit Oracle zusammen arbeitet, wird die Novell-Microsoft-Kooperation, die zu einer höheren Kompatibilität zwischen deren Produkten führen wird, die Red Hat Oracle-Welt schwächen. (3)

Red Hat sieht für sich zunächst keinen Handlungsbedarf aus der Microsoft-Novell-Kooperation entstehen

Der Druck auf Red Hat vergrößert sich durch den Novell-Microsoft-Pakt, da Microsoft eingewilligt hat, keine Patentansprüche gegenüber Suse Linux und deren Entwickler anzumelden. Das kann zu einem wichtigen Kaufargument für Suse Linux und gegen Red Hat Linux werden. (6)
Red Hat will auf gar keinen Fall einen ähnlichen Vertrag mit Microsoft schließen wie Novell, um eine Patent-Sicherheit zu schaffen. Dies käme in den Augen von Red Hat einer Innovationssteuer gleich. Schlüssel zu echter Innovation sei freie und quelloffene Software und Red Hat hat seine Anwender an die gegebenen Patent-Garantien erinnert, die Red Hat bereits vor Jahren gegeben hat. Außerdem werden Red Hat-Kunden mit einer "Open Source Assurance" abgesichert. (9)

Von Analysten wird die neue Situation in der Linux-Welt nicht

nur positiv gesehen

Die Kooperationsankündigung von Microsoft und Novell war in der Branche ein Paukenschlag. Allerdings reagieren viele Analysten noch zurückhaltend auf diese Zusammenarbeit, denn die technischen Folgen bleiben noch zu unklar und die Frage bleibt offen, warum Microsoft sich ausgerechnet Novell als Partner gesucht hat. Die zukünftige Interoperabilität wird noch skeptisch eingeschätzt, bis ein Produkt-Fahrplan vorliegt. (6)
Die Analysten von Gartner glauben an den echten Willen von Microsoft und Novell, auf Betriebssystemsebene künftig zu kooperieren. Außerdem sehen die Analysten die Linux-Front in zwei Lager aufbrechen, nämlich Novell und Microsoft auf der einen Seite und Oracle und Red Hat auf der anderen. (3)
IDC-Analysten sehen in der neuen Kooperation eine folgenschwere Beziehung mit dem Potenzial, die IT-Landschaft massiv zu verändern. Insbesondere die angestrebte Interoperabilität der beiden Systeme sei für die Anwender von großer Wichtigkeit. (11)
Aus dem Open Source-Lager, wie aber auch von Analysten, werden Bedenken gegenüber den juristischen Aspekten des Abkommens geäußert. So seien alle Entwickler, die ihrer Tätigkeit nicht hauptberuflich nachkommen oder die ihre Arbeit Suse Linux zugute kommen lassen, patentrechtlich

geschützt. Da aber nahezu alle Entwickler ihre Arbeit hauptberuflich ausüben, seien im Umkehrschluss alle Red Hat-Beiträge von Patentklagen bedroht. Das stünde im Widerspruch zur Präambel der GNU General Public License (GPL), gemäß der jedes Patent jedem zur freien Verfügung stünde bzw. überhaupt nicht lizenziert werden darf. Allerdings hat Novell mit dieser Kooperation indirekt auch der alten Microsoft-Behauptung zugestimmt, gemäß der Linux Microsoft-Patente verletze. (11)
Das Linux-Engagement von Oracle wird von vielen Vertretern der IT-Branche, wie Intel, AMD, Dell, HP aber auch Beraterfirmen wie Accenture, begrüßt. Darin wird von einigen Analysten auch ein Angriff gegen die Firmensoftware von Microsoft gesehen. (5)

Fallbeispiele

Für Novell mag der Zusammenschluss mit Microsoft dem Eingeständnis gleich kommen, dass man mit der eigenen Linux-Strategie nicht gegen den Konkurrenten Red Hat ankommt. So hatte Novell erst in 2003 den zweitgrößten Linux-Anbieter Suse gekauft. (6)
Novell verfolgt aber auch den ehrgeizigen Plan, seine

Linux-Produkte in den so genannten Desktop-Bereich einzuführen. Dieser könnte durch die neue Kooperation unterstützt werden. Laut Novell-Aussagen würden derzeit viele Unternehmen prüfen, ob bei der Modernisierung der Desktop-Landschaft statt Microsofts neuem Vista mit dem entsprechenden neuen Office-Paket auch Linux in Verbindung mit Open Office eingesetzt werden könnte. (8)
Außerdem erwartet Novell, der Innovationskraft der Linux-Community einen zusätzlichen Impuls zu geben. (8)

Zahlen & Fakten

Gartner hat ermittelt, dass im vergangenen Jahr 67 Prozent der Server mit Windows arbeiteten, aber auch bereits 21 Prozent mit Linux (und das mit steigender Tendenz). Mit 9,4 Milliarden US-Dollar lieferte die Microsoft-Sparte im vergangenen Jahr fast 65 Prozent des operativen Konzernergebnisses. Aber das Wachstum hat sich abgeschwächt. (8)

Top 10 Hersteller von Software 2004 - 2005

Rang	Unternehmen		Umsatz in Deutschland 2005	Umsatz in Deutschland 2004	Gesamtumsatz 1) 2005	Gesamtumsatz 1) 2004
			in Millionen Euro			
1	SAP AG		1.807	1.780	8.513	7.514
2	Microsoft Deutschland GmbH	2)	1.800	1.800		
3	Oracle Deutschland GmbH	2),3)	466,8	444,3		
4	CA Computer Associates GmbH	2)	147	144		
5	SAS Institute GmbH		133	128,5		
6	Novell GmbH	2)	115	115		
7	PSI AG		100,7	99,8	116,5	115,2
8	Infor Global Solutions	2),4)	85	80		
9	BMC Software GmbH		81	96		

1) Nur Unternehmen mit Hauptsitz in Deutschland

2) Umsatz teilweise geschätzt

3) 09/2005 Übernahme Siebel; 12/2004 Übernahme Peoplesoft

4) 09/2004 bis 09/2004 Agilisys; 03/2004 Übernahme Varial Software AG

Aufnahmekriterien für diese Liste: Mehr als 60 Prozent des Umsatzes werden mit Standardsoftware-Produktion, -Vertrieb und Wartung erwirtschaftet. Die Rangfolge des Rankings basiert auf kontrollierten Selbstauskünften der Unternehmen über in Deutschland erwirtschaftete Umsätze.

Quelle: Lünendonk

Entnommen aus: Computerwoche, 22/2006, S. 12

Weiterführende Literatur

(1) Microsoft zahlt Novell Millionen
aus Financial Times Deutschland vom 09.11.2006, Seite 6

(2) Virtuelle Anwendungen: "Jetzt wird das Betriebssystem zur Erweiterung der Software"
aus Macwelt Online, Meldung vom 08.11.2006

(3) Samba-Entwickler kritisieren Novell-Microsoft-Deal
aus PC-Welt Online, Meldung vom 14.11.2006

(4) Samba-Entwickler kritisieren Novell-Microsoft-Deal
aus PC-Welt Online, Meldung vom 14.11.2006

(5) Oracle bietet Komplett-Paket für Linux
aus Handelsblatt Nr. 215 vom 07.11.06 Seite 22

(6) Linux-Bündnis irritiert Branche Microsoft und Novell vereinbaren Technikpartnerschaft · Gemeinsamer Angriff gegen Marktführer Red Hat
aus Financial Times Deutschland vom 06.11.2006, Seite 4

(7) Linux erobert die Rechenzentren Unternehmen kombinieren Betriebssysteme · Marktforscher sagen Wachstum voraus
aus Financial Times Deutschland vom 06.11.2006, Seite 4

(8) Zwei alte Feinde reichen sich die Hand
aus Handelsblatt Nr. 214 vom 06.11.06 Seite 14

(9) Red Hat pfeifft auf Microsoft-Novell-Patent-Versicherung
aus tecChannel.de Online, Meldung vom 04.11.2006

(10) Ballmer droht Linux erneut mit Patentklagen
aus PC-Welt Online, Meldung vom 21.02.2007

(11) Microsoft rät zu Suse Linux
aus Computerwoche, 10.11.2006, Nr. 45 Seite 1-4

Impressum

Betriebssystems-Software - Linux wird kommerziell

Bibliografische Information der deutschen Nationalbibliothek

Die Deutsche Nationalbibliothek verzeichnet diese Publikation in der deutschen Nationalbibliografie; detaillierte bibliografische Daten sind im Internet über http://dnb.d-nb.de abrufbar.

ISBN: 978-3-7379-2811-3

© 2015 GBI-Genios Deutsche Wirtschaftsdatenbank GmbH, Freischützstraße 96, 81927 München, www.genios.de

Alle Rechte vorbehalten. Dieses Werk ist einschließlich aller seiner Teile – z.B. Texte, Tabellen und Grafiken - urheberrechtlich geschützt. Jede Verwertung außerhalb der Grenzen des Urheberrechtsgesetzes bedarf der vorherigen Zustimmung des Verlags. Dies gilt insbesondere auch für auszugsweise Nachdrucke, fotomechanische Vervielfältigungen (Fotokopie/Mikroskopie), Übersetzungen, Auswertungen durch Datenbanken oder ähnliche Einrichtungen und die Einspeicherung und Verarbeitung in elektronischen Systemen.